TRAVAUX & MÉMOIRES

DES

FACULTÉS DE LILLE

TOME I. — Mémoire N° 3.

Paul **FABRE**. Le Polyptyque du chanoine Benoit (Étude sur un Manuscrit de la Bibliothèque de Cambrai).

LILLE

AU SIÈGE DES FACULTÉS, PLACE PHILIPPE-LEBON

1889

MÉMOIRES PARUS

No 1. — Paul Painlevé : *Transformation des fonctions V (x, y, z)*.

Prix. . . 1 fr. 75

No 2. — Pierre Duhem : *Des Corps Diamagnétiques*.

Prix. . . 3 fr. 50

No 3. — Paul Fabre. *Le Polyptyque du chanoine Benoit* — Etude sur un Manuscrit de la Bibliothèque de Cambrai — avec une reproduction en phototypie sur papier de Hollande.

EN VENTE

à PARIS, chez : Gauthier-Villars et Fils, 55, quai des G^{ds}-Augustins.

— Alph. Picard, rue Bonaparte, 82.

à LILLE, chez : Le Bigot Frères, rue Faidherbe, 11 et 13.

UNIVERSITÉ DE FRANCE

TRAVAUX & MÉMOIRES

DES

FACULTÉS DE LILLE

TOME I. — MÉMOIRE N° 3.

Paul FABRE. LE POLYPTYQUE DU CHANOINE BENOIT (ETUDE SUR UN MANUSCRIT DE LA BIBLIOTHÈQUE DE CAMBRAI).

LILLE

AU SIÈGE DES FACULTÉS, PLACE PHILIPPE-LEBON

1889

LE POLYPTYQUE

DU
CHANOINE BENOIT

Etude sur un Manuscrit de la Bibliothèque de Cambrai

Avec une reproduction en photolypie sur papier de Hollande

PAR

Paul FABRE

Maître de Conférences à la Faculté des Lettres

TRAVAUX & MÉMOIRES DES FACULTÉS DE LILLE

Mémoire N° 3.

LILLE

AU SIÈGE DES FACULTÉS, PLACE PHILIPPE-LEBON

1889

LE POLYPTYQUE DU CHANOINE BENOIT

par M. Paul FABRE

Maître de Conférences à la Faculté des Lettres

Le manuscrit 512 de la Bibliothèque municipale de Cambrai provient de l'ancienne Bibliothèque capitulaire (1). Il est en parchemin, écrit sur deux colonnes ; il se compose de 140 feuillets (2) de 31 centimètres de haut sur 217 millimètres de large et se divise en 18 cahiers. Les 17 premiers sont des quaternions réguliers ; le dix-huitième, formé originairement de six feuillets, en a perdu un (l'avant-dernier), antérieurement à la pagination actuelle. Il est encore vêtu de son ancienne reliure, avec

(1) Voy. Le Glay, *Catalogue des manuscrits de la Bibliothèque de Cambrai*, Cambrai, 1831. — Ducange, édit. Didot, VII, p. 441 : *Codex ecclesiae Cameracensis continens epistolas Yvonis Carnotensis, etc., ex ejus Tabulario* ; et le même aux mots *Cornomannia, Octobria, Kalendae*, etc.

(2) Le dernier feuillet est demeuré vide. Le texte se termine avec la première colonne du verso 139. La seconde colonne n'a pas été remplie ; autrefois pourtant deux lignes d'onciales, la première en rouge et la seconde en bleu, se lisaient au bas de cette colonne, mais elles ont été grattées soigneusement et c'est à peine si on peut distinguer quelques lettres de ce qui me paraît être l'ancien *ex libris*, à savoir :

> LIBER.........
> DE...ATORIO.

tablettes de bois recouvertes de parchemin blanc (1), mais il
a perdu ses deux fermoirs et les clous dont les plats étaient
garnis. A en juger par la forme de l'écriture, il paraît dater
de la seconde moitié du XIIe siècle, et je le crois tout entier
de la même main (2).

Il y a pourtant, dans ce manuscrit, deux groupes de documents bien distincts : le premier, qui va jusqu'au folio III, et
dont nous ne nous occuperons pas ici, est formé par les lettres
d'Ives de Chartres; le second, qui se termine au verso du folio
139, n'a pas de lien apparent avec le premier, et se compose
d'un certain nombre de pièces relatives à Rome et au Saint-Siège.
Une rubrique en onciales alternativement bleues et rouges
annonce cette seconde partie : « *In quibus festivitatibus domnus
papa debeat coronari* » ; mais on s'aperçoit très vite que ce
titre n'a rien de général et qu'il convient seulement à la très
courte pièce qui suit.

Sommes-nous donc en présence d'un recueil anonyme ? Je
ne le pense pas, car je crois retrouver un peu plus loin, au
fol. 126, la préface de la collection tout entière. C'est la lettre
par laquelle Benoit, chanoine de Saint-Pierre de Rome, dédie
un livre à maître Guy de Città di Castello, cardinal prêtre du
titre de Saint-Marc. Cette lettre est bien connue ; elle a été
donnée par Mabillon (3) comme introduction à l'Ordo Romanus

(1) On lit au dos le n° 206 (qui était sans doute celui du manuscrit dans
la Bibliothèque capitulaire), avec ces mots : « *Epistolae Ivonis Carnotensis
episcopi. De ordinationibus.* »

(2) Ceci contrairement à l'opinion de Le Glay, *Catalogue des Manuscrits
de Cambrai.* Il suffit, pour s'en convaincre, de jeter un coup d'œil sur notre
planche, qui reproduit précisément le passage où on a cru voir un changement de main (v° III et r° 112). Je dois, à ce propos, exprimer mes remer-
ciements à M. Gautier, bibliothécaire de Cambrai, ainsi qu'à M. Blin, son
prédécesseur, de toutes les facilités qu'ils ont bien voulu m'accorder.

(3) *Museum Italicum*, II, p. 118.

publié par lui sous le titre de « *Benedicti beati Petri canonici liber pollicitus* ».

Nous reviendrons tout à l'heure sur la forme *Pollicitus*. Demandons-nous, pour commencer, si l'*Ordo* de Mabillon constitue bien la totalité du livre écrit par le chanoine Benoit.

On pourrait le croire, si on consultait seulement les manuscrits de la Vaticane ; mais Mabillon lui-même a eu connaissance d'un manuscrit plus ancien et plus complet, qui est encore aujourd'hui conservé à la Bibliothèque Vallicelliane, sous la cote F. 73. Outre l'*Ordo*, ce manuscrit contient les *Mirabilia Urbis Romae* (1), une Chronique des papes (2) depuis saint Pierre jusqu'à Grégoire IV (avec quelques mots sur Innocent II), et divers récits relatifs aux fêtes populaires de Rome (3). Mais toutes ces additions à l'*Ordo* font-elles bien partie de l'œuvre primitive de Benoit ? On serait en droit d'en douter, sans un ouvrage du XIIe siècle, partiellement édité par Cenni (4), et dont l'exemplaire unique se trouve à la Vaticane, dans le fonds Ottoboni (5) : les « *Gesta pauperis scholaris Albini* ». Le dixième livre des *Gesta* (6) s'annonce comme contenant des « *Excerta*

---

(1) Sur les *Mirabilia*, voy. De Rossi, *Roma sotterranea*, I, p. 158; Jordan, *Topographie der Stadt Rom im Alterthum*, II, p. 557, seqq. ; Gregorovius, *Geschichte der Stadt Rom im Mittelalter*, IV, p. 609-611 ; Giesebrecht, *Geschichte der deutschen Kaiserzeit*, I, p. 881-882, 5ᵉ édit. ; Urlichs, *Codex Urbis Romae topographicus*, p. 91 ; A. Graf, *Roma nella memoria e nelle imaginazioni del medio evo*, I, p. 62-63.

(2) Cette Chronique a été publiée en 1880, dans la *Bibliografia Romana*, tome I, page CLVII.

(3) Nous en donnons plus loin le texte.

(4) *Monumenta dominationis pontificiae*, II, p. IV. Dans la *Patrol. lat.* de Migne, XCVIII, col. 421.

(5) *Ottob. lat. 3057.* — Sur ce manuscrit, voy. Stevenson. *La Collectio Canonum di Deusdedit*, dans l'*Archivio della Società Romana di Storia patria*, année 1885.

(6) Fol. 127.

Politici a presbytero Benedicto compositi de ordinibus Romanis et dignitatibus Urbis et sacri palatii ». Or, ces *Excerta* ne contiennent pas l'*Ordo*, qu'on pourrait être tenté de considérer comme l'œuvre unique de Benoit, et nous y retrouvons, au contraire, bon nombre des documents que nous notions tout à l'heure dans le n° F. 73 de la Vallicelliane. C'est donc que ces documents faisaient bien réellement partie du livre de Benoit.

Ce livre, nous venons de le voir désigné successivement sous le nom de *Liber pollicitus* et de *Liber politicus*. En réalité, la forme *Pollicitus* est fautive. Mabillon l'a trouvée dans un manuscrit du XVI° siècle ; elle ne saurait tenir contre le double témoignage des *Gesta* d'Albinus (XII° siècle) et du manuscrit de la Vallicelliane (XV° siècle) (1).

Nous ne soulèverions pas cette question de mots, si le titre donné par Benoit à son livre ne devait pas servir, en l'absence d'un texte complet, à nous donner de l'œuvre une idée un peu précise. Or, *Liber pollicitus* ne dit rien ; tandis que *Liber politicus* nous fait entrevoir bien des choses (2).

On sait ce qu'ont été les *Polyptyques* (3). Comme tous les propriétaires fonciers, l'Eglise romaine a eu le sien. Nous savons, par Jean Diacre, qu'il avait été rédigé, dès le V° siècle, par ordre du pape Gélase, et qu'il fut remanié, un siècle plus tard, par Saint Grégoire le Grand. Mais les patrimoines du Saint-Siège peu à peu disparurent, un nouveau mode de propriété

(1) De même dans l'inventaire des livres de Boniface VIII : *Quidam quaternus qui intitulatur Excerta Pollitici a presbytero Benedicto compositi* (M. Faucon, *La bibliothèque des papes d'Avignon*, II, p. 13 ; cf n° 2052 de la bibliothèque d'Urbain V, *Ibid.*, I, p. 256). La forme *Polyptychus* est donnée dans l'*Ordo Romanus* du Cardinal Jacopo Gaetano Stefaneschi (Mabillon, *Mus. Ital.*, II, p. 327, 340, 341).

(2) C'est sur ce titre que s'appuie M. de Rossi (*Roma Sotterranea*, I, p. 158) pour mettre le livre de Benoit au nombre des « *libri della curia Romana.* »

(3) Sur les Polyptyques, consulter Guérard : Le *Polyptyque d'Irminon*, I, pag. 21.

et de tenure se substitua à l'ancien, et, dès lors, le Polyptyque de Saint Grégoire n'eut plus sa raison d'être. Il fut remplacé par un registre beaucoup plus sommaire, plus conforme sans doute au nouvel état de choses, mais dont la composition se ressentit de la barbarie des temps. A ce livre, on laissa l'ancien nom ; en réalité, c'était l'embryon d'un Registre où on allait consigner les nouveaux droits temporels de l'Eglise romaine et qu'on appela plus tard le *Liber Censuum*.

C'est un livre de ce genre que Benoit a composé.

Jusqu'ici, les manuscrits du *Liber politicus* (1) n'avaient fourni

(1) Les seuls manuscrits jusqu'ici connus du *Liber Politicus* sont tous à Rome, et se ramènent à deux types :

I. Bibliothèque Vaticane, fonds Vatican Latin : 1° Ms. n° 5348, du XV° siècle, en papier, ne contient que l'*Ordo Romanus*, et se termine, comme l'*Ordo* imprimé par Mabillon, aux mots « *Præfectus cum adjutorio decimae illuminat ecclesiam et facit prandium curiæ. Deo gratias* ». 2° Ms. n° 3740, en papier, écrit pour le cardinal Caraffa qui l'a légué à la Vaticane, n'est vraisemblablement qu'une copie du précédent.

Bibliothèque Vaticane, fonds Ottoboni Latin : Ms. n° 304, du XVI° siècle, sur papier ; même contenu que les précédents. C'est vraisemblablement le Ms. dont s'est servi Mabillon.

Archive de la Basilique Saint-Pierre : Ms. n° 37. E, 39 pages, en papier, de la main de Jacques de Grimaldi : « *Jacobus Grimaldus hujus basilicae sacrista hunc librum ab exemplari manuscripto transcripsit et basilicae D. D. anno Millesimo sexcentesimo primo* » ; même contenu que les précédents.

II. Bibliothèque Vallicelliane : Ms. F. 73, du XV° siècle, en papier. La première partie contient l'*Iter Romanum* de l'empereur Frédéric III, par Agostino Patrizzi, de Sienne ; le *Liber Politicus* constitue la seconde.

Le *Liber Politicus* occupe 65 feuillets ; mais il n'est pas complet, car il finit au milieu du chapitre des *Mirabilia* qui a pour titre « *Qualiter edificata est ecclesia b. Petri ad vincula.* » Outre l'*Ordo Romanus*, il contient les *Mirabilia*, quelques chapitres sur les stations et fêtes religieuses de Rome qui ont été donnés par Mabillon, une chronique pontificale depuis saint Pierre jusqu'à Grégoire IV, avec un très court sommaire de la vie d'Innocent II, un récit des fêtes populaires de Rome avec les hymnes qui y étaient chantées. C'est de ce manuscrit que se sont servis les éditeurs de la *Bibliografia Romana*, Rome, 1880, chez Botta.

Archive de la Basilique S. Pierre : Ms. n° DCLIII ; XVI° siècle, 493 feuillets ; au folio 286 commence le *Liber politicus seu etiam ceremoniarum;* paraît une copie du précédent.

6 PAUL FABRE

aucune indication capable de justifier le titre de l'ouvrage.
Cette justification, nous la trouvons dans le n° 512 de Cambrai.

La seconde partie de ce manuscrit constitue, en effet,
le spécimen le moins incomplet que nous ayons du *Liber
politicus*. A ce que nous donnait le manuscrit de la Vallicelliane et aux quelques chapitres qu'on pouvait retrouver par
conjecture dans les *Gesta pauperis scholaris Albini*, le manuscrit de Cambrai ajoute plusieurs documents qui ne sont ni dans
les *Gesta* ni dans le manuscrit de la Vallicelliane.

La question se pose, il est vrai, de savoir si ces documents
appartiennent bien au livre de Benoit. Mais ils sont encadrés
de telle sorte, entre les chapitres donnés par Albinus comme
extraits du *Politicus* et ceux qui constituent, dans les manuscrits fragmentaires de Rome, ce qu'on a souvent considéré
comme la totalité de l'œuvre de Benoit, qu'il n'y a guère
de place pour le doute.

La présence de ces documents est même postulée, en
quelque sorte, par le titre que donnent les manuscrits au
recueil que nous examinons. On pouvait s'étonner à bon
droit de ne rencontrer, dans le *Liber politicus* tel qu'il était
connu jusqu'ici, aucun document relatif à la puissance tem-
porelle du Saint-Siège. Le titre même de l'ouvrage sonnait
faux, et on pouvait se demander si on n'était pas dupe d'une
confusion, quand on rapprochait des anciens Polyptyques ce
traité désigné sous le nom de *Liber politicus*. Or, le manuscrit de Cambrai renferme justement ce qu'on peut considérer
comme le premier noyau du *Liber Censuum*, à savoir ce long
fragment qui commence par les mots « *Adrianus papa
obtinuit* » et qui est comme le résumé de tous les droits
temporels du Saint-Siège dont les Archives romaines du
XI⁰ siècle conservaient encore les titres authentiques (1).

(1) C'est le chapitre CXLVIIII, dans le livre III de la collection canonique
de Deusdedit, où il figure sous cette rubrique : *Ex Romano pontificali*.

Nous pouvons, dès lors, nous rendre compte de la pensée qui a présidé à la rédaction du *Liber politicus*. On y a réuni les documents d'ordre divers qui concernaient deux objets longtemps considérés comme inséparables par les Romains du moyen âge, — la grandeur de Rome et celle du Pontificat, — et c'est pourquoi nous trouvons côte à côte les *Mirabilia* et l'*Adrianus papa obtinuit*, le *Curiosum Urbis* et l'*Ordo romanus*.

L'œuvre de Benoit est devenue un livre officiel, dans toute la force du terme. La Chambre apostolique s'en servait encore dans la seconde moitié du XIII° siècle ; un *Ordo Romanus* du temps de Grégoire X s'appuie sur son autorité et le mentionne en ces termes : « *Liber camerarius qui vocatur politicus* » (1).

Il était, dès lors, naturel que le camérier Cencius en fit usage, lorsqu'il composa, en 1192, son *Liber Censuum*, et il ne faut pas s'étonner outre mesure de rencontrer, dans le Registre systématiquement ordonné par Cencius, des documents étrangers, en apparence, à l'objet propre du livre, tels que les *Mirabilia*. C'était une affaire de tradition : Cencius reprenait, en somme, l'œuvre de Benoit, comme Benoit avait lui-même profité des travaux antérieurs : « *quod alii doctores ecclesiae in suis scriptis reliquerunt* ».

L'époque de la rédaction du *Liber politicus* peut être déterminée avec beaucoup de précision. Le *Liber politicus* est antérieur à l'année 1143, puisqu'il est adressé au cardinal Guy de Città di Castello, qui devint pape cette année-là, sous le nom de Célestin II, et, d'autre part, il date au moins de 1140 puisqu'il mentionne les travaux exécutés par Innocent II à Sainte-Marie au Transtévère, travaux que l'épitaphe même

---

(1) *Muscum Italicum*, II, p. 228 ; cf. p. 277, 327, 340, 341.

8 PAUL FABRE

d'Innocent II place en 1140 (1). Mais la plupart des éléments
de la compilation sont beaucoup plus anciens.

Le *Curiosum Urbis*, la chronique pontificale, le paragraphe
sur les *Judices Palatini*, le chapitre qui commence par les
mots « *Adrianus papa obtinuit* », rien de tout cela n'est contemporain de Benoit : si on l'oubliait un instant, on tomberait
dans de grossières erreurs. Nous verrons même que les
hymnes latines et grecques de la *Cornomanie* et de la Mi-Carême
nous reportent au moins au X⁰ siècle, au temps où le grec
était encore à Rome une langue à peu près vivante, et où le
pape était vraiment dans Rome comme un autre César.

L'intérêt du manuscrit 512 de Cambrai est double. — D'une
part, il nous permet de saisir, à une époque bien déterminée,
un anneau important dans la chaîne des transmissions successives
d'un certain nombre de documents ; — d'autre part, il nous fournit
des documents qui, n'ayant pas été reproduits dans les collec-
tions postérieures, lui assignent par ce fait même une valeur
propre et font parfois de lui une source unique.

J'aurai occasion, dans mon édition du *Liber Censuum*,
d'examiner le *Politicus* comme instrument de transmission ;
je me contenterai donc ici de donner les parties du *Politicus*
qui n'ont pas été reproduites dans les compilations postérieures.

(1) Cette épitaphe (qui date de la translation du tombeau d'Innocent II
sous Clément V), se lit encore sous le portique de Sainte-Marie au Transtévère. Elle assigne à l'année 1140 le commencement des travaux ; or, ces
travaux ont été considérables : PRESENTEM ECCLESIAM AD HONOREM
DEI GENITRICIS MARIE SICVT EST A FVNDAMENTIS SVMPTIBVS
PROPRIIS RENOVAVIT ; et il a fallu quelque temps pour les mener à
terme. La réfection de l'abside, et en particulier celle de la mosaïque où on
voit Innocent II, avec le nimbe carré des vivants (cf. De Rossi, *Musaici
cristiani di Roma*), offrir à la Vierge l'image de l'église rebâtie par ses
soins, nous reportent au moins en 1141 et plus probablement en 1142 ; or, la
Chronique pontificale de Benoît mentionne cette réparation de l'abside,
« *absidam ejus metallis decoravit,* » ce qui tendrait à reculer jusqu'à l'année
1142 la rédaction du *Politicus*.

Mais ici je dois faire une distinction entre ce qui a été publié et ce qui ne l'est pas encore. Je laisserai donc de côté l'*Ordo Romanus* donné par Mabillon (1) et la chronique pontificale transcrite par les éditeurs de la *Bibliografia Romana* (2), et je ne retiendrai que le *Curiosum Urbis* et le récit des fêtes populaires de Rome (3).

Je n'ai rien de particulier à dire sur le *Curiosum Urbis* : il est suffisamment connu d'autre part. On sait que ce texte, qui remonte au IV° siècle, et qui nous décrit les monuments compris dans chacune des quatorze régions en y joignant de nombreux renseignements statistiques, est d'une importance capitale pour la topographie de la Rome ancienne (4) : aussi, comme notre manuscrit n'a pas été jusqu'ici utilisé par les éditeurs (5), j'ai cru devoir le transcrire ici intégralement.

Le récit des fêtes populaires de Rome présente bien des difficultés; je ne les ai pas toutes résolues, il s'en faut : mais,

(1) *Museum Italicum*, II, *Ordo XI*.

(2) Rome, 1880, chez Botta.

(3) Une partie a été publiée dans la *Bibliografia Romana*, p. CXLIV, CXLVI, mais de telle manière que le texte en est le plus souvent inintelligible. En outre, un certain nombre de fragments ont été donnés dans le Glossaire de Ducange.

(4) Cf. Gregorovius, *Storia della città di Roma*, I, p. 33.

(5) Le *Curiosum Urbis* ou *Curiosum Urbis regionum XIV cum breviariis suis* a été publié bien souvent. Sans parler des éditions de Panciroli, de Labbe, de Bianchini et de Muratori, nous avons celles de Preller *(Die Regionen der Stadt Rom*, Iéna, 1846), d'Urlichs *(Codex Urbis Romae topographicus*, Wurtzbourg, 1871) et de Jordan *(Topographie der Stadt Rom im Alterthum*, Berlin, 1871, tome II).

Les seuls manuscrits consultés par les éditeurs ont été les suivants :

Cod. Vaticanus n. 3321. Saec. VIII.

Cod. Vaticanus n. 1984. Saec. XI.

Cod. Vaticanus n. 3227. Saec. IX.

Cod. Laurentianus bibl. aedil. Flor. Eccl. n. 87. Saec. XIII.

Cod. Lugdunensis. Saec. XV.

C'est au ms. Vatican 1984 que notre manuscrit paraît plutôt apparenté ; l'examen attentif de ce ms. Vat. 1984 est indispensable à quiconque veut étudier d'un peu près le travail qui s'est fait à Rome, pendant le XI° siècle, pour retrouver et réunir les anciens titres de la Ville Eternelle aussi bien que ceux du Saint-Siège.

tel que je le donne, ce tableau me paraît intéressant. Il est
d'une époque où les documents Romains font à peu près défaut,
et il nous montre tout un côté de la vie publique que les documents officiels laissent ordinairement dans l'ombre. Je laisse à
de plus habiles le soin de rattacher ces usages aux coutumes
antiques et d'en marquer les rapports avec les fêtes analogues
des autres peuples de l'Occident (fête des fous, fête des enfants,
fête de l'âne) : c'est pour moi matière trop délicate. Je
me contenterai de rechercher à quelle époque appartiennent
dans leur ensemble les fêtes et cérémonies qui sont ici décrites.

Notre texte nous apprend que la Cornomanie a cessé d'être
célébrée dans la seconde moitié du XIe siècle, au milieu des
malheurs qui accablèrent Rome sous le pontificat de Grégoire
VII : « *Hoc fuit usque ad tempus papae Gregorii VII; sed,
postquam expendium guerrae crevit, renuntiavit hoc.* »

Nous savons, d'autre part, que cette fête existait dès le
IXe siècle. M. Novati, dans un livre récent (1), a restitué fort
ingénieusement à Jean Hymonide un prologue en vers de la
Cena Cipriani. Or, Jean Hymonide est un contemporain de
Jean VIII (872-882) (2), et voici qu'il mentionne la Corno-
manie comme une chose fort connue :

> Hoc laudat papa Romanus in albis pascalibus,
> Quando venit coronatus scolae prior cornibus,
> Ut Silenus cum, Mnasylo deriso, cantantibus,
> Quo sacerdotalis lusus designet misterium.

Nous aurons plus loin à rapprocher ce passage (assez
obscur d'ailleurs par certains côtés) du récit que Benoît nous
donne de la fête ; il nous suffit, pour le moment, d'enregistrer,
à la fin du IXe siècle, l'existence de la Cornomanie.

Malheureusement, de ce que la fête se célébrait dès le IXe

---

(1) *Studi critici e litterari,* Turin, 1889, p. 275.
(2) Il est bien connu par sa Vie de Saint Grégoire-le-Grand.

siècle (sous une forme d'ailleurs un peu différente (1) de celle que Benoît nous décrit), on ne peut conclure que les *laudes* qui nous ont été conservées datent précisément de cette époque : elles peuvent être antérieures ou postérieures.

L'usage du grec dans l'Eglise Romaine s'est conservé fort longtemps : on voit dans les *Ordines Romani* du XII⁰ siècle qu'à toutes les grandes fêtes on continue à lire en grec l'Epitre et l'Evangile. Mais l'affreuse transcription que Benoît nous a donnée du grec que l'on chantait à la Cornomanie nous montre assez jusqu'à quel point la langue hellénique était étrangère au clergé Romain du XII⁰ siècle.

Sans doute on a pu longtemps chanter des hymnes dont on ne saisissait plus le sens ; mais il faut admettre qu'au moment où ces hymnes étaient composées et mises en usage, une partie du clergé romain (la *Schola Cantorum* à tout le moins) lisait ou parlait le grec.

Les textes ne nous permettent pas de déterminer ce qu'a duré à Rome la période Byzantine ; elle a été, je crois, plus longue qu'on ne l'admet d'ordinaire, et ce serait une erreur de penser que le couronnement de Charlemagne y ait mis fin. Les relations avec Byzance demeurent fréquentes après l'an 800 ; les noms grecs sont nombreux dans les documents romains du IX⁰ et X⁰ siècle, et, jusque sous Otton III, il est fait mention de la *Scola Graeca* parmi les corporations qui sortent de Rome au devant de l'Empereur (2). Il y a même au commencement du X⁰ siècle, au temps de la puissance d'Albéric, un revirement politique qui ramène Rome vers Byzance, en qui elle

----

(1) Au lieu du *mansionarius* ou sacristain, il y est question du *prior scolae*, c'est-à-dire du sous-diacre préposé à la *Schola cantorum*.

(2) Une poésie de l'époque d'Otton III, publiée dans la *Bibliografia Romana*, s'exprime ainsi :

Dat scola graeca melos et plebs Romana susurros.

croit trouver un point d'appui contre les ambitions occidentales (1).

C'est à ce moment qu'on peut de nouveau parler des armes Romaines sans plus les associer, comme dans les *laudes* de l'époque carolingienne, aux armes franques et germaines (2).

Dans l'hymne grecque conservée par le *Liber Politicus* se retrouve le nom propre d'un pape en l'honneur de qui on l'a chantée : Βενεδίκτον πατριάρχην. Mais ce Benoit pourrait être, à la rigueur (3), Benoit X (1058-1060) ; et nous voyons d'autre part, dans la partie latine des *Laudes*, qu'on avait coutume, à chaque changement de pontife, de substituer dans ces cantilènes le nom du nouveau pape à celui de l'ancien.

Ce n'est pas qu'on ne puisse (au moins pour le fragment latin en vers adoniques qui commence par les mots *Euge benigne*), déterminer le nom du pape en l'honneur de qui le morceau a été composé pour la première fois. De tous les papes qui ont régné entre le VIIIe et le XIe siècle, les seuls dont le nom s'adapte au mètre sont ceux qui constituent la série des papes Jean. Malheureusement, elle est trop nombreuse (depuis Jean VIII, en 872, jusqu'à Jean XIX, en 1024,) pour que cette restitution permette d'établir une date même approximative.

Force est donc de nous en tenir aux caractères généraux que je signalais tout à l'heure ; ils me paraissent indiquer (s'ils ne l'établissent pas d'une manière certaine) que nous sommes ici en présence de productions Romaines du IXe ou du Xe siècle : ces œuvres sont assez rares pour mériter d'être recueillies.

---

(1) Voy. Pitra, *Analecta novissima*, p. 469-475.

(2) Cf. *Antiqui ecclesiae ritus* de Martène, III, p. 167 : *Exercitui Francorum, Romanorum et Theutonicorum vitam et victoriam !* Cf. *Liber Pontificalis*, éd. Duchesne, II, p. 38, note 37.

(3) Benoit X a été intronisé le 5 avril 1058, et Pâques tombait cette année là le 19 avril ; c'est d'ailleurs la seule année où Benoit X ait pu célébrer la Cornomanie.

I

LIBER REGIONARIUS INCIPIT (1)

Regio prima

Regio prima, porta Capena. Continet edem Honoris et Virtutis.
Camenam. Lacum Promethei. Balneum Torquati. Termas
Severianas et Commodianas. Arcam Apollinis et Eplenis.
Vicum vitrarium. Arcum Pannariam. Mutatorium Cesaris.
Balneum Abascantis et Mamertini. Arcam Carruce. Sedem
Martis. Flumen Almonis. Arcum divi et vertera iani et
Drusi. Vici X. Edes X. Vicos magnos XLVIII. Curationes II.
Insule MCCLX. Domus CXX. Orrea XVI. Balnea LXXI.
Lacus LXXX. Pistrina XX. Macelli X. Continet pedes
XII. M. CCXI submissales.

Regio secunda.

Regio secunda, Celius mons. Continet Claudium macellum.
Magna Lupanaria. Atrium ciclopis. Quinque cohortes vigi-
lum. Caput Affrice. Arborem sanctam. Casta peregrina.
Domum Philippi, et Victiliana. Ludum matutinum et daticum.
Domum Aquilianam. Spoliarium. Samarum. Micam auream.
Vici VII. Edes VI milia. Vicos magnos XLVIII. Cura-
tiones II. Insule III. M. et DC Domos CXXVII. Orrea XXVII.
Balnea LXXV. Lacus XLV. Pistrina XV. Conturipodes XII
milia et CC.

(1) Je publie le *Curiosum Urbis* tel que le donne le ms. de Cambrai ;
pour les restitutions et les éclaircissements, je me contente de renvoyer au
texte des éditions déjà citées d'Urlichs *(Codex Urbis Romae topographicus)*
et de Jordan *(Topographie der Stadt Rom,* tome II).

Les fautes d'ailleurs, sautent aux yeux : par exemple, dans la première
région, il faudrait lire *Splenis* au lieu de *Eplenis ; Aream Pannariam* au
lieu de *Arcum Pannariam ; Carruces* au lieu de *Carruce ; aedem Martis*
au lieu de *sedem Martis ; arcum divi Veri et Trajani et Drusi* au lieu de
arcum divi et vertera iani et Drusi ; vicomagistros au lieu de *vicos
magnos,* etc.

A noter la faute fréquente de *conturipodes* pour *continet pedes.*

Regio tercia.

Regio tercia, Ysis et Serapis. Continet monetam. Amphiteatrum, quod capit loca LXXVII. Ludum magnum. Domum Bruti presentis. Sommum coragum. Lacum pistorum. Scola questorum et caplatorum. Termas Tithianas et Traianas. Porticum Libies. Castra Misennantium. Vici XII. Edes XII. Vicos magnos XLVIII. Curationes II. Insule II milia et DCCCLVII. Domos XL. Orrea XVIII. Balnea LXXX. Lacus LXV id est Putei. Pistrina XVI. Conturipodes XII millia CCCL.

f. 137'   ### Regio quarta.

Regio quarta, templum Pacis. Continet porticum apsidatam. Aura Bucinum. Apollinem sandaliarum. Templum Telluris. Vigilum Sororum. Colosum altum pedes CII[os], sed habet in capite radios VII, singulos pedes XXII scilicet (1). Metam sudantem. Templum Romuli. Edem Jovis. Viam sacram. Basilicam novam et Pauli. Templum Faustine. Forum transitorum. Sub hora. Balneum Dafininis. Vici VIII. Edes VIII. Vicos magnos XLVIII. Curationes II. Insule ĪĪDCCLVII. Domos LXXXIX. Orrea XVIII. Balnea XLV. Lacus LXI. Pistrina XV. Continet pedes XIIII millia.

Regio quinta.

Regio quinta, Exquilie. Continet lacum Orphei. Macellum Laviani. Nimpheum Alexandri. Due cohortes vigilum. Hortos Palatianum. Herculem Sillanum. Amphiteatrum Castrense. Campum iuvenalem. Subagerminebam medicam. Iusidem Patricium. Vici XV. Edes XV. Vicos magnos XLVIII. Curationes II. Insule III millia DCCCL. Domos CLXXX. Orrea XXII. Balnea LXV. Lacus LXIIII. Pistrina XV. Conturipedes XV millia et VI.

Regio sexta.

Regio sexta, Alto semita. Continet templum Salustii, et Serapis. Floram. Capitolium antiquum. Termas Constantinianas. Statam Mamiri. Templum dei Quirini. Ortos Salustianos.

____

(1) Pour *semis.*

Gentem Flaviam. Termas Diocletianas. Cohortes trium
vigilum. Decem tabernas. Gallinas albas. Vici XVII. Vicos
magnos XLVIIII. Edes XVII. Balnea XLV. Lacus LXXVIII.
Pistrina XVI. Continet pedes V̄X̄DCC.

Regio septima.

Regio septima. Continet viam latam. Lacum Galimedis.
Cohortes vigilum. Arcum novum. Nimpheum Jovis. Edicu-
lam caprariam. Campum Agrippe. Templum solis et castra.
Porticum Gypsiani et Constantini. Equos Tigridatis regis
Armeniorum. Forum Suarium. Mansuetas. Lapidem pertusum.
Vici XV. Edes XV. Vici magni XLVIII. Curationes II.
Insule III millia LXXXV. Domos CXX. Orrea XXV.
Balnea LXV. Lacus LXXVI. Pistrinos XV̇I. Conturipedes
XĪĪĪĪCCC.

Regio octava.

Regio octava, forum Romanum magnum. Continet rostra III.
Genium. Pretorium. Senatum. Atrium minerve. Forum
Cesaris Augusti. Nerve. Traiani. Templum Traiani et templum
Adriani et columpnam coclidem altam pedes CXXVII
submissales. Gradus intus habet CLXXX. Fenestras habet
XLV. Cohortes VII vigilum. Basilicam argentariam. Templum
Concordie et Saturni et Vespasiani et Tithi. Capitolium.
Miliarium aureum. Vicum Ligarium. Grecum stadium. Basi-
lica Julia. Templum Castoris et Minerve. Vestam. Horrea
Agrippina. Aquam cernentem. IIIIᵒʳ sacros subeuntem. Atrium
Caci Porticum Margaritarium. Elefantum herbarium. Vici
XXXIIII, Edes XXXIIII. Vicos XLVIII. Curationes II.
Insule III millia et CCCLXXX. Domos CXXX. Horrea XVIII.
Balnea LXXXIII. Lacus CXX. Pistrina XX. Continet pedes
XIII millia LXIIII.

Regio nona.

f. 138

Regio nona, Circus Flammineus. Continet stabula IIII, fac-
tiones VI, porticum philippi. Minutiam veterem et fru-

mentariam. Criptam Balbi. Theatra tria. In primis Balbi,
qui capit loca $\overline{XI}$.D$\overline{XI}$. Pompei capit loca $\overline{XIIII}$ DLXXX.
Marcelli, capit loca XX. Odium capit loca $\overline{X}$ D$\overline{X}$. Stadium
capit loca $\overline{XXX}$. Campum Martium. Trigarium. Cyconias
Nixas. Phanteum. Basilica Neptuni. Matidies. Marciani.
Templum Antoniani et columpnam coclidem altam pedes
CLXXVII submissales, [gradus] intus habet CCIII, fenestras
LVI. Termas Alexandrianas et Agrippinas. Arcum Nauparium.
Porticum et Melagriscum et Scradeum. Minervam calcidiam.
Divorum. Mensule felices. Vici XXXV. Vicos magnos XLVIII.
Curationes II. Insule II millia et DCCLXXXIIII. Domos CL.
Horrea XXV. Balnea LXIII. Lacus CXX. Pistrina XX. Con-
tinet pedes XXXII millia et D.

Regio decima.

Regio decima, Palatium. Continet casam Romuli. Edem matris
domini *(sic)* et Apollinis. Ramnus. Synpentadalius. Domum
Augustinianam et Tyberianam. Auguratorium. Edem Jovis.
Curiam veterem. Fortunam respicientem septizonium divi
Severi. Victoriam Germanianam. Lupercal. Vici XX. Edes XX.
Vicos magnos XLVIII. Curationes II. Insule II millia
DCCCXLII. Domos LXXXVIIII. Horrea XLVIII. Balnea
XLIIII. Pistrina XX. Continet pedes $\overline{XI}$ DC.

Regio XI.

Regio undecima. Continet circum maximum. Continet templum solis et lune, et templum Mercurii. Edem matris
domini *(sic)* et jovis et cererem. XII portas. Portam trige-
minam. Apollinem Celespisem. Herculem Olivarum. Arcum
Constantini. Vici XXI. Edes XXI. Vicomagnum XLXIII.
Curatorie $\overline{II}$. Insule $\overline{II}$.D. Domos LXXXVIII. horrea XVI.
Balnea XII. Lacus XX. Pistrina XVI. Continet pedes $\overline{XI}$ D.

Regio duodecima.

Regio duodecima, piscina publica. Continet aream radica-
riam. Edem bone dee. Subxasante. Clivum Delphini. Termas

Antonianas. VII domos Paritorum. Campum Lanatorium,
Domum cilonis. Cohortes IIII vigilum. Domus cornificis.
Privata Adriani. Vici XVII. Edes XVII. Vicomagnum
XLVIII. Curationes II. Insule II millia CCCCLVIII. Domus
CXIII. Horrea XXXIIII. Balnea XIIII. Lacus LXXX. Pistrina
XXXII. Continet pedes XIII millia.

Regio tertiadecima.

Regio terciadecima, Aventinus. Continet armilustrum. Templum Diane et Minerve. Nimphea III. Termas sires et
decianas. Dolocenum. Mappa aurea Platonis. Horrea Galbas
et Aniciana. Porticum Fabarium. Scalam Cassi. Forum
Pistorum. Vici XVIII. Edes XVIII. Vico magnos XLIIII.
Curationes II. Insule $\overline{II}$ CCCCLXXXVII. Domos CXXX.
Horrea XXXV. Balnea XLIIII. Lacus LXXXI. Pistrina XX.
Conturipedes XIX millia.

Regio quartadecima.

Regio quartadecima, Transtiberim. Continet Gaianum et Frigianum. Naumachiasum et Vaticanum. Ortos Donutrics.
Janiculum. Molinas. Balneum Ampelidis et Dianes. Cohortes
VI vigilum. Statuam Valerianam. Caput Gorgonis. Herculem
sub terra medium cubantem, sub quem plurimum aurum
positum est. Fortis Fortuna. Covariam Septimianam. Campum
Brucianum, et Codetanum. Ortos. Gitescas. Traicticariorum (1).
Vici LXXVII. Edes LXXXVIII. Vicomagnum XLVIIII.
Curationes II. Insule $\overline{III}$ et V. Domos CL. Horrea XXII.
Balnea LXXXIII. Lacus CLXX. Pistrina XXVII. Continet
pedes XXXIII millia.

Bliviotecec XXVIII.

Obelisci VI. In circo maximo II Augulie, minor habet pedes
LXXXVII, sed major habet pedes CXXII. In Vaticano I, alta
pedes LXXV. In musileo Augusti II, singula alta pedes XLII.

Pontes Milvius, Elius, Emilius, Aurelius, Sublicius, Fabricius,
Cestius et Probi.

(1) Lisez : Hortos Getes. Castra lecticariorum.

Montes Janiculus, Aventinus, Celius, Palladium, Capitolium, Exquilinus, Viminalis.

Campi VIII, Viminalis, Agrippes, Martius, Codetanus, Pequarius, Lanatarius et Brucianus.

Fora XI, Romanum, Magnum, Cesaris, Augusti, Nerve, Trajani, Atenobardi, Boarium, Pistorum, Gallorum et Rusticorum.

De basilicis.

Basilice X. Julia, Vulpia, Pauli, Vestalia, Neptuniana, Matidies, Marcianes, Vascolana, Flosceliaria, Constantiniana.

Vie XXVIIII. Traiana, Apia, Latina, Lavicana, Penestina, Tiburtina, Numentana, Salaria, Flamminea, Emilia, Claudia, Valeria, Aurelia, Campana, Hostiensis, Portuensis, Janiculensis, Laurentina, Ardeatina, Setina, Tyberina, Quincia, Cassia, Gallica, Triumphalis, Patinaria, Asinaria, Caminia.

De equis ereis.

Equi magni erei XXII. Dei aurei LXXX. Eburnei LXXIIII. Latrine publice CXLIIII. Cloace L.

II

DE LAUDIBUS CORNOMANNIE

Sabbato de albis (1), quando laudes (2) Cornomannie (3) canende sunt domino pape hoc modo. Omnes archipresbyteri (4) XVIII

(1) Le premier samedi après Pâques.

(2) Sur la signification du mot *laudes*, voy l'abbé Duchesne, *Liber Pontificalis*, II, p. 37, note 33.

(3) *Cornomania*, c'est proprement la fête de la corne ou des cornes ; voy. ci-dessous.

(4) Ces archiprêtres sont les chefs du petit chapitre de clercs attaché à la desservance d'une église. C'est seulement au IX° siècle qu'apparaît

diaconiarum (1), post prandium predicti dici, sonant campanas et omnis populus sue parrochie cucurrit ad ecclesiam. Mansionarius (2), indutus tunica vel camiso (3), et coronatus corona de floribus cornuta (4), habens in manu phinobolum hujus

celle fonction. Nous trouvons alors des archiprêtres aussi bien dans les *tituli* que dans les églises diaconales ou les autres églises de Rome.

M. l'abbé Batiffol a publié l'épitaphe d'un archiprêtre de la fin du IXe siècle, qui était attaché au service d'une diaconie (Saint-Georges au Vélabre). — *(Mélanges de l'Ecole de Rome, VII, p. 426).*

M. l'abbé Duchesne remarque dans son *Liber Pontificalis* (II, p. 271, note 3), que le pape Grégoire VI (au Xe siècle) était, avant son élévation au pontificat, archiprêtre de Saint-Jean Porte Latine, qui n'était ni un titre presbytéral, ni une diaconie.

Enfin, M. de Rossi, restituant à Grégoire VII la charte pontificale gravée sur marbre, qui concerne les biens du titre presbytéral des SS. Jean et Paul au Cœlius, nous montre au XIe siècle un archiprêtre de cette église subordonné au cardinal titulaire *(Bulletin d'archéologie chrétienne,* Edit. française, 1873, p. 44).

(1) Nous constatons ici l'importance prise par les diaconies, qui étaient alors devenues les circonscriptions ecclésiastiques par excellence, les vraies *paroisses* de Rome.

La population romaine était ecclésiastiquement distribuée en 18 diaconies, comme elle avait été divisée autrefois en 7 régions. De même qu'autrefois (sous Léon III, par exemple; cf. *Liber Pontificalis,* éd. Duchesne, II, p. 38, note 37) on portait dans les processions sept croix stationales (à raison d'une par région), de même nous voyons dans les *Ordines Romani* du XIIe siècle figurer les 18 *imagines* qui représentent les 18 diaconies : *Exeunt XVIII imagines a diaconis (Museum Italicum,* II, p. 131); *cum XVIII imaginibus diaconorum (Ibid.* p. 134).

Ce changement doit être en rapport avec les déplacements et les variations de la population romaine, qui a fini par se grouper plus spécialement dans certains quartiers et particulièrement au centre de la Ville.

Le chiffre des diaconies avait été porté à dix-huit par le pape Hadrien Ier *(Liber Pontificalis,* édit. I, Duchesne, p. 506; cf. Duchesne, *Mélanges de l'Ecole de Rome,* VII, p. 236).

(2) Le sacristain.

(3) *Tunica,* c'est l'aube ; *camisus,* c'est plutôt le rochet (Cf. Garampi, *Illustrazione di un antico sigillo,* Rome, 1759, p. 78, note 4).

(4) Cet accoutrement est caractéristique de la fête. Malheureusement, il est difficile de savoir au juste en quoi il consiste. Tout dépend de l'interpré-

operis : est quidam caulus ereus, concavus, unius brachii longitudo, a medietate et supra plenus tintinnabulis. Archipres-

tation que l'on donne au mot *cornuta*, et plus loin aux mots *cornutum caput*.

S'agit-il d'une couronne en forme de corne, ou bien d'une couronne garnie de cornes ?

Les deux traductions sont possibles, et toutes deux subsistent, chacune se fortifiant d'arguments nouveaux, si on rapproche du récit de Benoît le seul texte, à ma connaissance, qui fasse allusion à la Cornomanie.

Ce texte, que j'ai déjà cité dans l'Introduction, se trouve dans un Prologue à la *Cena Cipriani*, que M. Novati vient de restituer à Jean Hymonide :

> Hanc laudat papa Romanus in albis pascalibus,
> Quando venit coronatus scolae prior cornibus,
> Ut Silenus eum, Mnasylo deriso, cantantibus,
> Quo sacerdotalis lusus designet misterium.

Au lieu du *mansionarius*, il est ici question du *prior scolae*, c'est-à-dire selon toute vraisemblance du sous-diacre chargé de la direction de la *Schola cantorum*; mais, à part cette différence de détail, c'est bien de la même fête que Jean Hymonide entend parler.

Dans ce passage, suivant qu'on accordera plus d'importance au mot *Silenus* ou au mot *sacerdotalis*, on interprétera d'une manière différente le mot *cornibus*.

Silène reporte tout de suite notre pensée vers le cortège de Bacchus où les cornes sont fort en honneur : Silène est un satyre, et les satyres sont cornus; Bacchus lui-même est parfois représenté comme portant des cornes (cf. Tibulle, II, 1, 3). L'époque de la fête, le rôle qu'y joue l'animal cher à Silène, la danse du *mansionarius*, tout cela peut faire songer, dans une certaine mesure, à une transformation des anciennes Bacchanales.

D'autre part, les mots *sacerdotalis lusus* semblent indiquer que la fête a surtout un caractère sacerdotal, et alors il est naturel que ce caractère se traduise dans la coiffure qui est l'emblème de la cérémonie. Or, rien de plus fréquent que l'emploi du mot *cornua* pour désigner les deux pointes de la mitre : *Cornua fronte gerens*, dit le cardinal Jacques Gaëtan à propos de Boniface VIII; *exosa cornua metropolitani* dit la vie de saint Eberhard (Bollandistes, juin, IV, p. 264); et les évêques sont, de ce fait, appelés *cornuti* (cf. *Carmina Burana*, dans la Bibliothèque de la Société littéraire de Stuttgart, XVI, p. 15 et 21). Quant au mot *coronatus*, il s'ex‐ pliquerait aisément, la mitre ayant commencé par être très basse et comme une manière de couronne; c'est ainsi, du moins, qu'elle apparaît au XIIe siècle. Mais ici surgit une difficulté : la mitre était-elle en usage dès le IXe siècle ? Personne ne peut le dire.

La question demeure donc ouverte, en l'absence de textes plus précis, et je me contente d'exposer mes doutes.

byter vero indutus pluvialem cum clero et populo it Lateranum,
et omnes expectant in campo dominum papam ante palatium
sub Folloniam (1). Cum autem noverit domnus papa omnes
venisse, descendit de palatio ad destinatum locum, ubi
accipiende sunt laudes cornomannie.

Tunc unusquisque archipresbyter, cum suis clericis et populo,

(1) Ms. susfolloniam.

M. Rohault de Fleury, dans son livre sur le *Latran au moyen âge*,
considère cette Foulerie comme une dépendance du Palais Pontifical, mais il
n'en détermine pas l'emplacement.

D'après le texte des *Mirabilia* donné par Urlichs et par Jordan, on
devrait chercher la *Fullonia* dans le voisinage du tombeau d'Innocent II,
dont la situation nous est, d'autre part, très nettement indiquée dans le livre
de Jean Diacre sur la Basilique du Latran (Mabillon, *Museum Italicum*,
II, p. 568). On lit, en effet, au chapitre 21 : *Sepulchrum Adriani porfireticum quod nunc est Lateranis ante Folloniam sepulchrum papae Innocentii*
(Urlichs, p. 106).

Mais ce texte est fautif. Il représente comme simultanés deux états qui
n'ont pu être que successifs, car, du jour où le sarcophage de l'empereur
Hadrien est devenu le *sepulcrum Innocentii papae*, il a été transporté à l'in-
térieur de l'église et il a cessé par conséquent de pouvoir être dit *ante
Folloniam*. Jordan se plaint justement de ne pas posséder les *Mirabilia*
tels qu'ils figuraient originairement dans le Polyptyque de Benoit : le *liber
politicus* ayant été écrit avant l'avènement de Célestin II, il ne pouvait en
effet y être question de la tombe d'Innocent II. Mais c'est que Jordan n'a pas
connu le manuscrit 512 de Cambrai. Il aurait constaté qu'il n'y est nullement
question du *sepulcrum Innocentii papae*. On conçoit très bien qu'on ait plus
tard inséré dans le texte des *Mirabilia* une glose indiquant la destination
nouvelle du sarcophage d'Hadrien : le tort d'Urlichs et de Jordan est précisément d'avoir accueilli ce texte remanié, et cela sous sa forme la plus
grossière, car la plupart des recueils du XIIe siècle qui ont introduit cette
mention (par exemple les *Gesta* d'Albinus et le *Liber Censuum* de Cencius)
ont eu soin de supprimer les mots *ante Folloniam*, qui avaient cessé d'être
exacts depuis que le *sepulcrum porfireticum* était devenu le tombeau
d'Innocent II.

C'est donc ailleurs qu'il nous faut chercher nos renseignements sur la
situation de la *Fullonia* ; heureusement nous les trouvons, sans aller plus
loin, dans l'*Ordo* de notre Polyptyque. Il y est dit que, le jour de Pâques,
le pape revenant de Sainte-Marie Majeure par la Via Merulana arrive au
Palais *juxta Fulloniam* (Mabillon, *Museum Ital.*, II, p. 141) ; or, le tracé
de la Via Merulana ne s'est guère modifié depuis le moyen âge. Plus loin,
on voit que, le jour de l'Exaltation de la Sainte-Croix, le clergé, qui vient

facit rotam (1) et incipit cantare *Eya preces de loco, Deus ad bonam horam*, et alios subsequentes versus latinos et grecos. Mansionarius vero in medio saltat in girum sonando phinobolum et cornutum caput reclinando. Finitis laudibus, surgit quidam archipresbyter, retroso (2) ascendit asinum preparatum a curia : quidam cubicularius tenet in capite asini bacilem cum XX solidis denariorum ; predictus archipresbyter, inclinans se retro tribus vicibus, quos potest tribus brancatis tollit et habet sibi. Deinde archipresbyteri cum clericis ponunt coronas ad pedes ejus. Sed archipresbyter Sancte Marie in Via Lata coronam et vulpeculam non ligatam, que fugit, et papa dat archipresbytero unum bizantium et dimidium. Archipresbyter Sancte Marie in Aquiro coronam et gallum, et accipit bizantium et quartam. Archipresbyter Sancti Eustachii coronam et domulam, et accipit unum bizantium et quartam (3). Unusquisque archipresbyter reliqua-

---

en procession de Sainte-Marie Majeure au Latran, débouche également sur la place du Latran à côté de la Foulerie, *venientes in campum juxta Fulloniam* (p. 152); et l'*Ordo* lui-même précise bien ce que nous devons entendre par ce mot de *Campus : l'église de Saint-Grégoire *in Martio* en marque l'entrée (p. 143 et 151) ; c'est donc à peu près la place actuelle de *S. Giovanni in Laterano.*

Si on ajoute à cela que la Foulerie, ayant besoin d'eau, devait se trouver tout près de l'aqueduc *(Aqua Claudia)*, on aura, ce me semble, suffisamment déterminé l'emplacement de cet édifice, au débouché de la *Via Merulana*, en face de l'entrée principale du Palais Pontifical, c'est-à-dire en face du Portique et de la Tour élevés par le pape Zacharie (*Liber Pontif.*, édit. Duchesne, I, p. 432), *in introitu basilicae Zachariae papae*, comme dit l'*Ordo* du Polyptyque *(Museum Ital.*, II, p. 141).

(1) Fait ranger en cercle son clergé et ses paroissiens.

(2) A rebours, la tête tournée vers la queue de l'âne.

(3) Pourquoi les archiprêtres de ces trois diaconies ont-ils un rôle spécial dans la fête? Ces trois circonscriptions diaconales, qui appartenaient au quartier alors le plus riche et le plus peuplé de la ville, étaient contiguës : y aurait-il là quelque raison topographique ?

Je n'ai pu découvrir non plus pourquoi l'archiprêtre de Sainte-Marie *in Via Lata* amenait un renard, tandis que celui de Sainte-Marie *in Aquiro* apportait un coq. J'entrevois mieux le lien entre la diaconie de saint Eustache et l'offrande du daim : saint Eustache s'était en effet converti, dit la légende, à la suite d'une apparition miraculeuse du Christ entre les cornes d'un cerf qu'il poursuivait.

rum diaconiarum bizantium unum. Accepta benedictione omnes revertuntur. Cumque reversi fuerint, mansionarius ita indutus, cum uno presbytero et duobus sociis, portant aquam benedictam et nebulas (1) et frondes lauri, euntes per domos sue parrochie, jocando sicut prius et sonando phinobolum. Presbyter salutat domum, spargit aquam, frondes lauri ponit in foco, et de nebulis dat pueris domus. Interim mansionarius barbarice cantat metros *Iaritan. Iaritan. Iarariasti. Raphayn. Iercoyn. Iarariasti* (2), et ceteri qui secuntur. Tunc dominus domus dat eis munus : unum denarium vel plus.

Hoc fuit usque ad tempus pape Gregorii VII (3), sed postquam expendium guerre crevit, renuntiavit hoc.

Incipiunt versus in laude cornomannic. Eya preces de loco. Deus ad bonam horam. Deus in tuo nomine. Sancta Maria Dei genitrix. Eya preces de loco.

DE LAUDIBUS.

Eya preces de loco. Deus ad bonam horam. Deus in tuo nomine. Sancta Maria Dei genitrix. Columpna bona. Sancti apostoli corona Christi. Exeant pueri de scola ad novum et argenzolum. *Hoc modo cantantur he laudes usque* octo octobrias.

Octobria dominus noster papa Innocentius (4) sanctissimus cum gloria. Magister victoria. *Hoc tono cantantur iste laudes usque* Ycode spota chere.

Yeo despota chere mezopanto. Deo ysoro. Orosisto mello. O chera sifilthe. Carpoforunta. Keagalliunta. Tysa galliusi. *Hoc tono cantantur usque ad* Aperite nobis portas.

Aperite nobis portas, ad domnum papam Alexandrum (5)

f. 136'

---

(1) Petits gâteaux très légers dans le genre des oublies (Voy. Ducange).

(2) Le sens de ces mots m'échappe complètement; j'ignore à quelle langue ils appartiennent.

(3) Ce renseignement chronologique est très important.

(4) Lorsque le chanoine Benoit écrivit son livre, Innocent II était le pape régnant ; d'où la substitution du nom d'Innocent II à celui d'Alexandre II qui figurait dans le texte que Benoit avait sous les yeux, et que nous retrouvons plus loin.

(5) Ici le nom du pape que Benoit trouvait dans les textes n'a pas été changé. Il s'agit d'Alexandre II, le dernier pape en l'honneur duquel toutes ces fêtes ont été célébrées, puisque l'usage s'en est perdu sous Grégoire VII.

venimus. Salutare illum volumus. Salutare et honorare et laudes illi levare, quomodo qui ad Cesares. *Hoc tono cantantur usque ad* Euge benigne.

Euge benigne papa Alexander qui vice Petri cuncta gubernas. Orbita celi clara refulget, nubibus atris atque fugatis. *Et alii subsequentes versus in hoc tono.*

Hanc sequentiam debent cantores cantare post vesperas die Pasche ante papam dum bibit cum tota curia in porticu juxta fontes (1).

Sequentia.

Pascha yeronymyn. symeron, anadedicte. Pascha, kenon agyon. Pascha mysticon. Pascha pansevasmyon. Pascha christos tulit trotu. Pascha amomon. Pascha mega. Pascha zonpiston. Pascha taspilas. ymin tu paradisu ancoxan. Pascha panthas, anaplaustron, urotus. Kenon. papam christe filaxon (2).

Hii sunt ludi Romani communes in Kalendis Januarii.

In vigilia Kalendarum (3) in sero surgunt pueri et portant scutum.

(1) Il s'agit ici du portique de Saint-Venance, attenant au Baptistère *(ad fontes).* Voici ce que dit, au sujet de cette cérémonie, l'*Ordo Romanus* de Cencius (fin du XII° siècle) : Celebratis tribus vesperis in basilica Salvatoris, et ad Fontes, et ad Sanctam Crucem, revertitur ad porticum Sancti Venantii ; ibique sedet cum episcopis, cardinalibus, ceterisque ordinibus, et aliis tam laicis quam clericis in terra super tapeta residentibus. Deinde propinatur sibi claretum vinum, et omnibus circumstantibus, ab archidiacono et aliis pincernis. Interim vero primicerius cum cantoribus surgit et canit prosam grecam hujusmodi (Museum Italicum, II, p. 187). — Cf. l'*Ordo* du *Liber politicus,* dans Mabillon, II, p. 142, qui se sert du mot *sequentia* au lieu de *prosa.* Par *cantores,* il faut entendre ceux qui composent la *Schola cantorum* (Cf. Jean Diacre, *De ecclesia Lateranensi,* dans le *Museum italicum,* II, p. 567, et Pierre Mallius, ibid, p. 160).

(2) Voici la restitution du texte grec : Πάσχα ἱερὸν ἡμῖν σήμερον ἀνεδειχνύσθη, Πάσχα χαινὸν, ἅγιον Πάσχα, μυστιχὸν Πάσχα, πανσεβάσμιον Πάσχα Χριστοῦ τοῦ λυτρωτοῦ, Πάσχα ἄμωμον, Πάσχα μέγα, Πάσχα τῶν πιστῶν, Πάσχα τὰς πύλας ἡμῖν τοῦ Παραδείσου ἀνέῳξαν, Πάσχα πάντας ἀναπλάττων βροτοὺς, χαινὸν Πάπαν Χριστὲ φύλαξον.

(3) Au VIII° siècle, saint Boniface se plaignait au pape Zacharie de ce que le souvenir des anciennes Saturnales se perpétuait à Rome : *affirmant se vidisse annis singulis in Romana urbe et juxta ecclesiam Sancti Petri in die vel nocte, quando Kalendae Januarii intrant, paganorum consuetudine choros ducere per plateas,* etc.

Les jeux mentionnés par notre texte n'ont rien de si repréhensible.

et quidam eorum est larvatus (1) cum maza (2) in collo. Sibi-
lando sonant timpanum ; eunt per domos, circumdant scutum ;
timpanum sonat, larva sibilat. Quo ludo finito, accipiunt
munus a domino domus secundum quod placet ei. Sic
faciunt per unamquamque domum. Eo die de omnibus legu-
minibus comedant. Mane autem surgunt duo pueri ex illis,
accipiunt ramos olive et sal et intrant per domos. Salutant
domum : gaudium et letitia sit in hac domo. De illis fron-
dibus et sale plenam manum projiciunt in ignem et dicunt :
Tot filii, tot porcelli, tot agni, et de omnibus bonis optant,
et antequam sol oriatur comedant vel favum mellis vel
aliquid dulce, ut totus annus procedat eis dulcis, sine lite
et labore magno.

DE LUDO CARNELEVARII.

f. 138'

In dominica dimissionis carnium surgunt equites et pedites (3) post
prandium, bibunt inter se. Postea pedites, depositis scutis,
eunt Testacium, prefectus cum equitibus vadit Lateranum (4).
Domnus papa descendit de palatio et equitat cum prefecto (5)
et equitibus usque Testacium (6), ut, sicut ibi habuit civitas prin-
cipium (7), sic ibi in illo die delectatio nostri corporis habeat

(1) *Larva*, c'est un masque, une figure grotesque.
Une fête, connue sous le nom de Fête du Dragon, dont les détails rap-
pellent de très près celle qui est ici décrite, se célèbre en Chine au moment
du nouvel an.

(2) *Maza* a-t-il ici son sens ordinaire de *Masse* ou *Massue* ?

(3) Ce détail nous fait pénétrer dans l'organisation de la Milice Romaine,
l'ancien *Exercitus Romanus*, qu'on retrouve jusqu'au XIII° siècle.

(4) La demeure des papes depuis le IX° siècle jusqu'à Innocent III.

(5) Il faut noter que durant toute la période carolingienne, et jusqu'en
l'année 995, les documents ne font mention d'aucun préfet (Cf. Gregorovius,
Storia della città di Roma, III, p. 13).

(6) La première mention du Testaccio se trouve dans une inscription du
VIII° siècle (Gregorovius, *Storia della città di Roma*, II, p. 463).

(7) Cette légende n'est point connue par ailleurs ; elle est sans doute
antérieure à la fable de Noé, déjà relatée cependant par la *Graphia aureae
Urbis Romae* (Ozanam, *Doc. inédits*, p. 155), et dont la fortune a été si
grande pendant tout le moyen-âge (Cf. Graf, *Roma nella memoria e nelle
imaginazioni del medio evo*, I, p. 71 et suiv.). Peut-être se rattache-t-elle à
cette appellation de *sepulcrum Remi* (parfois *sepulcrum Romuli*) donnée
à la pyramide de C. Cestius qui s'élève tout auprès du Testaccio.

finem. Faciunt ludum (1) in conspectu pontificis, ut nulla lis
inter eos oriatur. Occidunt ursum, occiditur diabolus id est
temptator nostre carnis ; occiduntur juvenci, occiditur super-
bia nostre delectationis ; occiditur gallus, occiditur luxuria
lumborum nostrorum ut deinceps caste et sobrie vivamus
in agone anime ut ad Pascha mereamur digne corpus
domini suscipere.

Qualiter laudes puerorum fiunt in XL^n.

In media quadragesima scolares accipiunt lanceas cum vexillis
et tintinnabulis ; prius faciunt laudes ante ecclesiam, deinde
eunt per domos cantando et accipiunt ova pro beneficio
illius laudis (2). Sic antiquitus faciebant.

f. 139   ### Laudes puerorum in medio XL°.

Eya preces de loco (3). Deus ad bonam horam. Deus in tuo
nomine. Sancta Maria Dei genitrix columpna bona. Sancti
apostoli corona Christi. Exeant pueri de scola ad novum
argenzolum (4), pueri mei, pueri boni. Quam multi estis, multi

---

(1) Ces jeux ont acquis plus tard une grande célébrité (Cf. Mansi, *Dis-
corso sopra gli spettacoli, le feste, e il lusso degli Italiani nel secolo XIV*,
Rome, 1818), mais non sans subir une transformation presque complète. Le
Liber imperialis, écrit au XIV° siècle, peu après la venue à Rome de
l'empereur Henri VII, caractérise le Testaccio par ces mots : *dove si fa le feste
del toro nel tempo di charnasciale*. (Cité par Graf, *Roma nella memoria*, I,
p. 154) ; et, quelques années plus tard, vers le milieu du XIV° siècle (Urlichs,
Cod. topog., p. 139), Giovanni Cavallino donne, à propos du Testaccio, les
renseignements suivants : *ubi hodie singulis annis, quibus in pace Romana
civitas gubernatur, ludus maximus celebratur a populo et juvente Romanorum equestri. Ex alto montis ejusdem emittuntur quadrigae seu currus
rotarum cum tauris agrestibus et aliis silvestribus animalibus praecipitan-
tibus dictas quadrigas et rotas currus a ruo dictas* (Polistoria, VI, cap. 41).
On voit que la nature des jeux avait beaucoup changé.

(2) Cette coutume est encore vivante dans nos campagnes du centre
de la France pour le retour du mois de mai.

(3) Je donne le texte de ces *laudes* tel que je le trouve dans le manuscrit, et je me contente de rétablir plus loin les fragments dont j'ai pu
restituer le mètre.

(4) Du grec Ἀργός, qui ne travaille pas, qui est en vacances.

et boni. In campo Marthis erant belles. Isti sunt septem dies in Gabriheli (1). Gaudeat domnus noster sanctissimus papa. Gaudeat et Roma, gaudeant magistri, gaudeant discentes (2), gaudeant et nostri parentes, qui nos ad scolam dederunt et bene nos nutrierunt (3).

Octo Octobria (4). Domnus noster papa Alexander sanctissimus cum gloria. Magister victoria (5). Pueri de ista patria. Arma Romanorum tu domine adjuva (6). Deus meus es tu, tu domne apostolice. Caballus tuus (7) semper portet coronam (8). Clericus tuus qui te illum donet qui te in antistite et sancta catholica..... (9).

(1) Il est peut-être ici question de 7 jours de vacances à l'occasion de la fête grecque de saint Gabriel (VII Kal. apriles), ou de l'Annonciation (25 mars, soit 7 jours avant le mois d'avril).

(2) Ms. dicentes.

(3) Le chant rappelle ici deux strophes du *Gaudeamus igitur* des Universités allemandes :

Vivat academia,	Vivat et respublica
Vivant professores,	Et qui illam regit,
Vivat membrum quodlibet,	Vivat nostra civitas,
Vivant membra quaelibet,	Maecenatum caritas
Semper sint in flore.	Quae nos hic protegit.

(4) Est-ce une allusion aux *Ottobrate* Romaines, qui tombent précisément huit mois après la Mi-Carême ?

(5) On se sent ici tout près des *laudes* carolingiennes (Cf. par exemple *Liber pontificalis*, édit. Duchesne, II, p. 37, note 38 ; Martène, *Antiqui ecclesiae ritus*, III, p. 167).

(6) A noter ici qu'il n'est question que des armes romaines, à la différence des *laudes* que nous connaissons et qui mentionnent, à côté de l'armée romaine, l'*Exercitus Francorum et Theutonicorum* (Martène, III, p. 167).

(7) Ms. *caballos tuos*, corrigé de première main en *caballus tuus*.

(8) S'agit-il réellement d'un insigne du cheval ? comme dans ce vers de Properce :

Nota coronatis Musa triumphat equis.

Ou bien faut-il voir ici une allusion au *Festum coronae* et à ce qu'on appelait *celebrare coronam*, cérémonie dont il est si souvent question dans les *Ordines* du XIIe siècle (Mabillon, *Museum italicum*, II, p. 126, 130, 131, 135, etc) ?

(9) Il y a là évidemment une lacune.

Ycodes potachere (1). chere metopanton. deoysoro. Orosisto mello.
O Kerasisilthe. Carpoforunta. Keagalliunta. Tysa galliusi.
O tyrathanate, loinatis paraschu. Singinunta. Tegna. Probatha
tinabula. Damaritinagria. Timisuntes colites. Oscheinus. Man-
thanone, fige fige, febroaric. O martis scediochi. Yperba
yperba, febroaric. Kera meta pantono martis.

Aperite nobis portas. Ad domnum papam Alexandrum venimus.
Salutare illum volumus, salutare et honorare, et laudes
illi levare, quomodo qui ad Cesarem (2). Domine aperi
fenestram. Vides qui venit. Sol (3) veni, luna veni, et
nubes celestis cum manna veni, et ad domnum nostrum
Alexandrum papam sanctissimum cum palma veni (4). Deus
da illi vitam, Christe dona illam.

Arxomen protopin. Kerete pantisode. Chelido, chelido, Basilia.
Ysida. Palino de parinu, Georgite, Georgos. Cathapanta, et
tini. Diaydor. Kepila. Pirgo, micodomisa, Abina, Abina, via,
via, et Kelegasi, Mimediris, Istas Keras. Kestotrima Pente,
Pente, Allapente. dicapente, Exilthes. Astrofores, ton. Angelon,
Simbule, simbule, Kesiskene. Anamenisco cosmos. Ylaros.
Keorcon. Agallias. Tepedes. Kallite. Seraconta. Istos. Colion.
Trecontes. Gramatha mantan. nontes. O magister ymon,
O didascalo symon, Apotes, Anatholis, Graphi, Keana, ginos-
che, Kelam banini, tobagin, tobagin, Kestostobro, Otheos
eleyson, ymas, Teruices, Exo februaris, Exo o martis, Teruices,

(1) Ce grec a été transcrit *ab auditu*, avec la prononciation figurée ; mais
le copiste a eu soin de grouper les syllabes de manière à former, autant que
possible, des mots à désinence latine, ce qui en complique beaucoup la
lecture. J'en essaie plus loin la restitution.

(2) Le chant des *laudes* constituait en effet une partie importante du cérémonial en usage à Rome, entre le VIIIᵉ et le Xᵉ siècle, pour la réception
de l'Empereur. Ce cérémonial est décrit à diverses reprises par le *Liber
Pontificalis* (*Vita Leonis III*, édit. Duchesne, II, p. 7 ; *Vita Sergii II, ibid.*,
p. 88), aussi bien que par les annalistes allemands, francs ou lombards
(*Annales Laurissenses majores*, a. 800 ; *Annales fuldenses*, a. 687 ; *Panegyricus
Berengarii imperatoris*, a. 961 ; chronique de Benoît du Mont Soracte,
a. 962).

(3) Ms. sole.

(4) En 1120, Calixte II, rentrant à Rome, « *puerorum et infantum, cum ramis
omnigenarum arborum occurentium, excipitur laudibus* » ; lettre de l'abbé
Eginon, dans Watterich. *Pont. Rom. Vitae*, II, p. 138.

Anctilcnto, Ear II, Biyazusi, Tubanda II, diadadascalc, O theos sephilacis II, filoponuntus, machitasu II, Tintilogus uti narpasin II, Tintulogu nepathcluntes, Romanianica, Alpha, Archios, ton apanto, Bitabisilcu y curios, Respondent. Romaniamen, gamma gennate, o christos, Dcctaddialogu, Theicu. R. Ro, Eichcto, cpistisgis, zithasion, fcrito cosmu, R. Ro, Ita ilos Eichcte. Keselin, Tethatcon, Proscinumen, In gicheni carmoni, Tempedaon, Ethasen. O magister garautus, apestilen, cheroste, christe o theos ymon. filaxontus prugintas. I. (1) Benedicte patriarchien, Polistis, ctesi, tondidascalon ymon, curie filaxon ymon. Osipedes isti christi ebreon craicanzontes. Osanna toyconti christo toy, O david, Apotis, Anatolisto, craranctile, Kefocia, Ianastas, Kosmon, pantaosothyr.

INCIPIUNT LAUDES.

Euge benigne (2) papa Alexander, qui vice Petri cuncta gubernas. Orbita celi clara refulget, nubibus atris atque fugatis. Tempore veris cuncta nitescunt arva per orbem flore chorusco. Floret ubique campus et omnis terra resultat germine pulcro. Mellea promit clericus ordo cantica Christo voce canora. Summe redemptor protege papam Christe Alexandrum. I. (3) quœso benignum. Tu pie presul, inclite doctor, munera nobis digna repende, qui regis omnes ut pater almus. Nutris alumpnos ubere sancto, diligis uno semper amore, quas tibi Christus contulit oves; tempore longo quod pie vivas, papa, precamur vocibus omnes. Regna polorum optime scandas (4), junctus ubique angelis estas. Conditor orbis, protege papam, Christe Alexandrum. I. (5) tempore

(1) Cette lettre (la première du mot *Ille*), indique, je crois, la place où doit s'insérer le nom propre du pape à qui on s'adresse. C'est une habitude générale dans les formulaires, et nous sommes ici en présence d'une vraie formule qui se répétait de pontificat en pontificat.

(2) Tout ce morceau, depuis *Euge benigne* jusqu'à la fin, est en vers adoniques ; je les rétablis plus loin, après l'hymne grecque.

(3) Voy. ci-dessus, note 1.

(4) Ms. Sancta das.

(5) Voy. les notes 1 et 3.

longo. Aurea Roma presule tanto digna resultans cantica promit. Marcius instat mensis ubique, quo Deus auctor cuncta creavit, quo nemus omne fundit odores, prebet et altis montibus umbram. Flore choruscat terra respersa. Gignit et arbor dulcia poma. Clara recurrunt sidera celi, alba nitescunt prata pruinis, germine pulchro leta resplendent semina cuncta sparsa per orbem. Gaudeat arator carpere fructum atque sopori tradere membra. Audit ab omni sepe viator cantica laudis voce sonora.

Euge benigne presul honeste, inclite doctor, pastor amande, respice clerum atque Quirites dulce canentes carmen in aula. Munera cunctis grata repende, qua pius extas semper egenis. Deo gratias.

RESTITUTION DE L'HYMNE GRECQUE (1)

Σὺ, ὦ δέσποτα, χαῖρε,
χαῖρε μετ[ὰ τ]ῶν πάντω[ν.
Εἰσορῶ εἰς τὸ μέλλο[ν·
Ὁ καιρὸς γὰρ εἰσῆλθε
καρποφορῶν τὰ [πάντα
καὶ ἀγαλλιῶν...
τῆς ἀγαλλιάσεως.

Ὦ Σ]ωτὴρ ἀθάνατε
. . . . . τοις παράσχου
συγγενῆ ὄντα τέκνα,
πρόβατα, πτεινὰ, ποῦλα,
δάμαρι[ν]τὴν ἄγρια[ν
. . . σὺν ταῖς. . . λίταις
. . . .

Φύγε, φύγε, Φεβροάρι,
ὁ Μάρτις σε διώκει·
Ὕπερβα, ὕπερβα,
Φεβροάρι.
χαῖρε μετὰ πάντων
ὁ Μάρτις.

(1) J'ai été beaucoup aidé dans cette restitution par M. l'abbé Duchesne, qui a su retrouver le rythme de la pièce.

Ἄρξωμεν πρῶτο[ν εἰ]πεῖν.
χαίρετε πάντες ὧδε.
Χελιδὼν βασιλία,
χελιδὼν, τὴν εἴσειδα
πάλιν ὧδε παρ' ἡμῖν.
Γεωργεῖτε γεωργοὶ
κατὰ πάντα ἐπὶ γῇ.

Διὰ ὕδωρ καὶ πηλὸ[ν]
πύργον οἰκοδόμησα
. . . .
. . . . . , ...
ἡμετέροις
εἰς τὰς χεῖρας
καὶ 'ς τὸ τρίμα. (?)

Πέντε, πέντ', ἄλλα πέντε,
ἄλλοι τεσσαράκοντα (1).
Ἐξῆλθες, ἀστροφόρε,
τῶν ἀγγέλων σύμβουλε
καὶ σύσκηνε.
Ἀναμένει σ' ὁ κόσμος
ἱλαρὸς καὶ ὡραῖος,
ἀγαλλιᾶσθε παῖδες
'ς τὸ σχολεῖον τρέχοντες
γράμματα μανθάνοντες.

Ὁ μαγίστερ [γὰρ] ἡμῶν
ὁ διδάσκαλος ἡμῶν
ἀπὸ τῆς ἀνατολῆς
γράφει κἀναγινώσκει
καὶ λαμβάνει τὸ 'βάκιν (2)
τὸ 'βακιν καὶ τὸν σταυρόν.
Ὁ θεὸς ἐλέησον ἡμᾶς. — Ter vices.
Ἔξω, Φεβροάρις
ἔξω, ὁ Μάρτις. — Ter vices.

(1) Je transporte ici ce vers qui couperait le sens à l'endroit où il se trouve dans le ms.
(2) Βάκιν = ἀβάκιον.

Ἀνέτειλεν τὸ ἔαρ — Bis.
᾽πιράζουσι τὰ πάντα. — Bis.
[Κύριε] διδάσκαλε,
ὁ Θεός σε φυλάξῃ — Bis.
φιλοπονοῦντα
τοὺς μαθητάς σου, — Bis.
τὴν τοῦ λόγου σου
τὴν ἅρπασιν — Bis.
τὴν τοῦ λόγου σου
ἐπιτέλοντας.
Ῥωμανία νίκα !

Ἄλφα   Ἀρχηγὸς τῶν ἁπάντων
Βῆτα   βασιλεύει Κύριος. — Respondent Romani : Amen !
Γάμμα   Γεννᾶται [μὲν] ὁ Χριστὸς
Δέλτα   διὰ λόγου Θεϊκοῦ. — Respondent Romani : Amen !
Ἐ   Ἔρχεται [δ'] ἐπὶ τῆς γῆς
Ζῆτα   ζωὴν φέρειν τῷ κόσμῳ.— Respondent Romani : Ἔρχεται.
Ἦτα   Ἥλιος καὶ σελήνη
Θῆτα   Θεὸν προσκυνούμενοι.

Ἐ]ν γῇ καινῇ χαρμονὴ
τῶν παίδων ἀνέστησεν,
ὁ μαγίστερ γὰρ αὐτοὺς
ἀπέστειλεν χαίρεσθαι.
Χριστὲ ὁ Θεὸς ἡμῶν
φύλαξον τοὺς προύχοντας (1)
Βενεδίχ[τον] πατριάρχη[ν
ἐν πολλοῖς τοῖς ἔτεσιν·
τὸν διδάσκαλον ἡμῶν
Κύριε φύλαξον.

(1) L'expression est malheureusement vague ; il s'agit des chefs, mais de
quels chefs ? Est-il question des sous-diacres préposés à la *Schola cantorum,*
ou bien des *Judices Romani,* ou encore des Empereurs ?

ʿΩς οἱ παῖδες τῷ Χριστῷ
Ἑβραίων κραυγάζοντες·
ʿΩσαννὰ τῷ ἥκοντι
Χριστῷ τῷ υἱῷ Δαβίδ.
. . . . (1)
ἀπὸ τῆς ἀνατολῆς
τὸ ἔαρ ἀνέτειλε,
καὶ φῶς καὶ ἀνάστασις
κόσμῳ παντὶ ὁ Σωτήρ (2).

(1) Ici il a dû tomber un vers, comme : πάντες ἡμεῖς κράζομεν.

(2) Athénée nous a conservé un chant de l'Hirondelle, chanté lui aussi au retour du printemps, par des enfants qui s'en vont quémander de porte en porte. C'est une chanson Rhodienne, antérieure de plus de mille ans à celle que nous publions ici. Le rapprochement est cependant curieux. Il y a dans les coutumes populaires de tous les temps et de tous les pays un fond commun, qui trouve parfois des traductions bien voisines.

Καὶ χελιδονίζειν δὲ καλεῖται παρὰ ʿΡοδίοις ἀγερμός τις ἄλλος, περὶ οὗ Θέογνίς φησιν ἐν δευτέρῳ περὶ τῶν ἐν ʿΡόδῳ θυσιῶν, γράφων οὕτως· Εἶδος δέ τι τοῦ ἀγείρειν, χελιδονίζειν οἱ ʿΡόδιοι καλοῦσιν, ὃ γίνεται τῷ Βοηδρομιῶνι μηνί. Χελιδονίζειν δὲ λέγεται διὰ τὸ εἰωθὸς ἐπιφωνεῖσθαι·

῏Ηλθ', ἦλθε χελιδὼν, καλὰς ὥρας
  ἄγουσα καὶ καλοὺς ἐνιαυτοὺς,
  ἐπὶ γαστέρα λευκὰ, κἀπὶ νῶτα μέλαινα.
Παλάθαν οὐ προκυκλεῖς
  ἐκ πίονος οἴκου,
  οἴνου τε δέπαστρον,
  τυροῦ τε κάνιστρον,
    καὶ πύρων ;
ʿΑ χελιδὼν καὶ λεκιθίταν
    οὐκ ἀπωθεῖται.
Πότερ' ἀπίωμες ; ἢ λαβώμεθα ;
Εἰ μέν τι δώσεις· εἰ δὲ μὴ, οὐκ ἐάσομες,
ἢ τὰν θύραν φέρωμες, ἢ τὸ ὑπέρθυρον,
ἢ τὰν γυναῖκα τὰν ἔσω καθήμεναν·
μικρὰ μέν ἐστι, ῥαδίως μιν οἴσομες.
῎Αν δὴ φέρῃς τι, μέγα [γε] δή τι καὶ φέροις.
῎Ανοιγε, ἄνοιγε τὰν θύραν χελιδόνι·
οὐ γὰρ γέροντες ἐσμὲν, ἀλλὰ παιδία.

Τὸν δὲ ἀγερμὸν τοῦτον κατέδειξε πρῶτος Κλεόβουλος ὁ Λίνδιος, ἐν Λίνδῳ χρεία γενομένης συλλογῆς χρημάτων.

(Athénée, VIII, 60.)

RESTITUTION DE L'HYMNE LATINE

Euge benigne
papa [Johannes], (1)
qui vice Petri
cuncta gubernas.

Orbita [celi] (2)
clara refulget,
nubibus atris
atque fugatis.

Tempore ueris
cuncta nitescunt
arva per orbem
flore chorusco.

Floret ubique
campus et omnis
terra resultat
germine pulcro.

Mellea promit
clericus ordo
cantica Christo
voce sonora.

Summe redemptor,
protege papam
Christe [Johannem], (3)
quæso, benignum.

Tu pie presul,
inclite doctor,
munera nobis
digna repende.

(1) Ms. Alexander ; voy. plus haut, page 12. Je restitue ici le nom du pape en l'honneur duquel la pièce a été composée.
(2) Ms. *omitt.*
(3) Ms. Alexandrum, voy. note 1.

Qui regis omnes,
ut pater almus,
nutris alumnos
ubere sancto.

Diligis uno
semper amore
quas tibi Christus
contulit oves.

Tempore longo
quod, pie, vivas,
papa, precamur
vocibus omnes.

Regna polorum,
optime, scandas (1),
junctus ubique
angelis estas.

Conditor orbis,
protege papam
Christe [Johannem] (2)
tempore longo.

Aurea Roma
presule tanto
digna resultans
cantica promit.

Marcius instat
mensis ubique,
quo Deus auctor
cuncta creavit.

Quo nemus omne
fundit odores,
prebet et altis
montibus umbram.

(1) Ms. Sancta dâs.

(2) Ms. Alexandrum ; voy. plus haut, p. 12.

Flore choruscat
terra respersa,
gignit et arbos
dulcia poma.

Clara recurrunt
sidera celi,
alba nitescunt
prata pruinis.

Germine pulcro
leta resplendent,
semina cuncta
sparsa per orbem.

Gaudet arator (1)
carpere fructum
atque sopori
tradere membra.

Audit ab omni
sepe viator
cantica laudis
voce sonora.

Euge benigne
presul honeste,
inclite doctor,
pastor amande.

Respice clerum
atque Quirites
dulce canentes
carmen in aula.

Munera cunctis
grata repende
qui (2) pius extas
semper egenis !

           Deo gratias !

             PAUL FABRE.

(1) Ms. gaudeat.
(2) Ms. qua.

obedientiam & tam referim' sum? patin
tum u̅r̅ꝗ: q̅ p̅sentiu̅ latorem p̅specis
bilit' n̅r̅i confirmastis optatu̅ priuile
giu̅ co̅mun̅ clero carnotensis eccl̅esi̅e
contra rapacitate̅ [ꝗ]positoꝛ ad co̅pesten
dam opp̅ssione̅ ecclesiasticoꝛ pauperu̅
Audiuit q̅ duo ex [ꝗ]positis quos p̅sen̅ti
um̅ lator celsitudini u̅r̅e nominabit p
tinacie se exerere̅ & regie potestati ad di
minutione̅ regni sui hoc priuilegiu̅
factu̅ ee̅ suggesserit &itꝫ ra in apl̅ica sede
si animaduertere uelit ad p̅petua̅ infa
miam sua̅ grauit' deliquerit. U̅n̅ [ꝗ] ip̅so
clero & cui ujo clero flexis genib; coraris
supplico excellentie u̅r̅e · quatin' reppe
rit̅ script̅is decretu̅ u̅r̅in corroboretis · &
qua pena ferienti sint p̅sentialt̅ isti
apl̅ici decreti conte̅ptores · manifeste q̅
sine ambiguitate uerboꝛ eccl̅ie car
notensi cu̅ tribuli gladio ex utraꝗ par
te inobedientia̅ feriente dirigatis. Isti
eni̅ ad hoc rege̅ seduxeri̅t · quoin̅ uolu
eri̅t & nialueri̅t · ut minaces lit̅ras aduer
sus cleru̅ in numeret · continentes cu̅
minis q̅ bona clicoꝛ s accepturis sir
ubicu̅ꝗ: poterit n̅ priuilegiu̅ u̅r̅in destru
atur̅ &rapacitas [ꝗ]positoꝛu̅ in pace co̅
ceatur̅· has itaꝗ litteras excellentie u̅r̅e
mr̅si · quib; uestri in suggestores earu̅
seuera̅ sententia̅ dicatis· quanuis in
fanie semp subiaceant n̅ in ꝗ hac occa
sione res suas amiseri̅t eas ex integro re
cipiant. Ita eni̅ &opp̅ssione̅ pauperu̅
releuabitis· & ceteros a simili preuarica
tione co̅pescetis·De vicariis u̅ quas iam
dic in carnotensi ecclesia uertistis· simi
lit' obnixe p̅cam' ut numqua̅ mutet ura̅
sententia· sꝫ magis confirmet̅· q̅ qui
p̅sonalit' accipiebant· onebant· unde il

licita· emptio &uenditio in̅t accipien
tes &naccipientes fedia co̅mencio· inꝫ
rꝫꝫ emulationes· inimicitie· & nulla
illicita ꝗ radicit̅us euellenda· ee̅ ab ec
clesia sancire debit ur̅m̅ excellentia·
Ideo &ego & cler̅us celsitudini u̅r̅e
supplicam' de hoc p̅sentiu̅ latore· ut si
q̅ adu̅isit̅is ip̅i causa hui' negotii con
tigerit· apl̅ica manu̅ &iudice̅ &adiu̅
tore̅ sentiat. Ha̅ cu̅ ante hoc negotiu̅
in pace· ee̅t· n̅c &a rege & a comite car
notensi sub optentu aliaru̅ occasioni
minimis atꝗ odiis circumuenit̅. Hec
t̅u & se &sua p eccl̅ia & p pauperib; deuo
te & misd̅ie impendere desistit. Depcam
ur̅ ꝫ si q̅ de hoc negotio postulauit̅
q̅ p̅senti paginula n̅ continet̅· ut
ip̅su̅ tanqua̅ nos in hac reaudiatis·;
EXPLICIT HIC EP̅L̅E IVONIS CARNOTEN
SIS EP̅I· DE BONI ECCL̅ COMMENDATI
ONE· & ALIAꝘ & INIVSTICIE DISSVA
SIONE·;

.i. monia· .ii. dia· .iii. tria· .iiii. tessara· .v. penta· .vi. exa·
.vii. epta· .viii. ogdoa· .viiii. ensa· .x. deca· .xi. vndeca· .xii. diada·
.xiii. decatria· .xiiii. vecabes· .xv. decapenta· .xvi. decalix·
.xvii. decalibra· .xviii. decaogda· .xviiii. decaviiii· cicpsi·
.xx. trienta· .xl. seteita· .l. perenta· exienta·
.lxx. epterta· .lxxx. ogdenta· .xc. ganementa· cuxion̅·
macusin̅· trianisin̅· teriacusin̅·
pentacusin̅· exacusin̅· eptacusin̅·
ogdacusin̅· miacusin̅· .cccc. decacusin̅·

IN QVIB? FESTIVITA
TIB? DOM̅O? PAPA
DEBET CORONARI:

He sunt festiuitates in quibus papa debet coronari. In festiuitate sco¯p¯ uiiii coronatorum. In festiuitate sci martini u¯ dicit titulus equitis. In festiuitate sci clementis. In diiica de aduentu. In diiica ad ter¯sem. In diiica de gaudete. In festiuit¯ diii. In festiuit¯ sci stephi. In epyphania. In diiica letare ter¯sem. In pascha. In scd¯a ff¯ ad sc¯m petrum. In diiica ego sum pastor bon¯. In ascensione. In pentecosten. In festiuitate sci petri. In anniuersario suo. In festiuitate sci siluri. He sunt stationes sci petri nocturnales. Diiica de gaudete. Epyphania. Ascensio domini. Pentecosten. festiuitas sci petri z euis octaua. festiuitas sci andree. In unaqaq¯ harum stacionum scole palatii scat card¯ diac¯ Subdiacones. Cantores. Regionarii. Acoliti debent hr¯e v sol¯ de altare sci petri. p¯ cenatica. Archiprbr¯ xviii d phis q¯ cantant R¯. Canonici xii sol¯ z ad missam medietatem altaris int¯ eos z capellanos diii p¯p¯ usq¯ ad sin¯e. Et si decit diiis p¯p¯ z inuenerit card¯ solus cantare missam. in quacuq¯ stat totam medietatem altaris h¯u¯t scole p¯dicte. Card¯ qui cantat missam h¯t tcia parte¯ oblatiois z sibt aliqu¯e sociu¯ card¯ u¯ sit nia. Sz oblatio fit mos z comunit¯ diuidit p. Pe sunt sci petri diurne. Tscolas stica. In omnibz sabbtis. uiii tyrum. In dominica q¯nquagesima. Diiica in passione. fe¯r ij p¯ pascha. Diiica in qua cantatur ego su¯ pastor bonus. In letanias maiores. In dedicatione. In cathedra sci petri. In unaquaq¯ harum stacioui¯ accipiunt v sol¯ z oblatione¯. Sz diiis p¯p¯ accipit xx sol¯. In noctini¯ stac¯ qii ac

cendunt reria. z in diurnis qii accendunt candele. Clerus ex p¯cepto b¯petri apli constituit z ordinauit xxv p¯sbiteros in urbe roma. Clemens fecit vij regiones z diuisit notariis fideliter ecclie. qui gestas mar¯ sollicite z curiose uniusq¯sq¯ p¯ regionem sua¯ diligenter p¯quirant. Euaristus constituit titulos in urbe roma. z diuisit p¯sbiteris z vij diaconibz q¯ custodirent epm¯ p¯dicante¯ apt¯o filiu¯ ueritatis. Alexander passione¯ diii miscuit in p¯dicatione qii misse celebrantur. hic constituit aquam sparsionis cu¯ sale benedici in habitaclis hominu¯. Sistus constituit ut quicuq¯ eo¯p¯ uocatus fuiss¯ ad aplicam sedem. z rediens ad parrochiam sua¯ n¯ suscipetur. nisi cum l¯ris patriarche salutacionis plebi. Theleforus constituit ut p¯ vij ebdomadas ieiunium celebraretur ante pascha. Et in natale diii nocte misse celebrentur. ǁam omni¯ tp¯re ante hore¯ tcie cursu¯ nullus p¯sumat missas celebrare. qua hora diiis nr¯ ascendit crucem. z ante sacrificium hymnus anglic¯ diceretur. hoc e¯ gia in excelsis deo. gymus composuit clerium. z distribuit gradus. Anacletus constituit ut clerus coma¯ n¯ nutriret. scd¯m p¯ceptu¯ aplo¯ru¯. Pius sub huius ep¯atu heremes librum sc¯psit. in q¯ mandatu¯ continet qd¯ ei p¯cepit angelus diii cu¯ uenit ad eum in habitu pastoris. ut scd¯m pascha die diiico celebraretur. Soter constituit ut nulla monacha pallia sacrata co¯tingeret. nec mensa¯ poneret in sca

ACHEVÉ D'IMPRIMER
chez **LE BIGOT FRÈRES**, à Lille
Le 10 Février 1890